UN

AVOCAT

DU BEAU SEXE

COMÉDIE-VAUDEVILLE EN UN ACTE

PAR MM. SIRAUDIN ET CHOLÈR

Représentée pour la première fois, à Paris, sur le théâtre du Palais-Royal, le 5 décembre 1862.

PARIS
E. DENTU, ÉDITEUR
LIBRAIRE DE LA SOCIÉTÉ DES GENS DE LETTRES
PALAIS-ROYAL, 13 ET 17, GALERIE D'ORLÉANS
Et à la LIBRAIRIE CENTRALE, boulevard des Italiens, 24.

1862

PERSONNAGES

AMILCAR BLAIREAU..............	MM.	PRISTON.
MOUILLEBOUCHE................		LASSOUCHE.
ATALA..........................	Mmes	SCHNEIDER.
AMANDINE......................		KLEINE.
MARIETTE......................		CRÉNISSE.
MADELEINE, sa cousine..........		MARIE PROTAT.

UN AVOCAT
DU BEAU SEXE

Un appartement modeste. Portes au fond et latérales. Chaises, tables, cheminée.

SCÈNE PREMIÈRE

AMANDINE, seule, puis MARIETTE, puis ATALA.

AMANDINE, entrant de la porte de droite et tenant une lettre à la main.

« A mademoiselle Amandine. — N'ouvrir cette lettre que » le 17 septembre à midi sonnant. » (Regardant la pendule.) Midi moins un quart... Encore un quart d'heure de patience. (Apercevant Mariette.) Oh ! (Elle cache la lettre.)

MARIETTE, entrant de gauche et sans voir Amandine; elle tient également une lettre à la main.

Lisant. « A mademoiselle Mariette. Lire cette lettre le 17 sep- » tembre à midi précis et à jeun... de peur des émotions. » (Regardant la pendule.) Dans quatorze minutes. (Apercevant Amandine). Ah !... (Elle cache sa lettre.) Tiens !... c'est toi ?

AMANDINE.

Comme tu vois...

ATALA, entre vivement et va droit à la pendule.

Moins douze !... douze minutes à attendre... Le temps de faire une omelette. (Elle froisse une lettre qu'elle tient à la main).

AMANDINE.

Bonjour, Atala.

ATALA.

Bonjour !... bonjour !...

MARIETTE.

Comme tu es agitée ce matin !

ATALA.

Dame !... quand je pense... qu'hier mercredi 16... nous étions dans un restaurant chacune avec son futur séparés... par un homard, des crevettes et du champagne... et que ce matin... nous voilà dépareillées.

AMANDINE et MARIETTE, soupirant.

C'est vrai !

ATALA.

Anatole est parti pour Pont-à-Mousson.

AMANDINE.

Ernest... s'est envolé pour Brives-la-Gaillarde.

MARIETTE.

Et Philémon vogue en plein Dauphiné... mais il est allé chercher ses papiers... afin de m'épouser le 15 du courant.

ATALA.

Anatole aussi...

AMANDINE.

Ernest également.

MARIETTE.

Ah !... quel homme !... quel puits de science que mon Philémon. Il deviendra une des gloires de la médecine moderne.

ATALA.

Il faut avouer que je suis bien aimée de mon Anatole Phalampin !... un docteur en droit, répétiteur pour les moutards de première année... grâce à lui, grâce à ces bonnes soirées qu'il passait ici chez moi, pendant que je travaillais et qu'il étudiait, j'ai été initiée aux législations anciennes et nouvelles, je connais mon doigt... sur le bout de mon droit!... Justinien... Rogron, Courtin... tous les classiques de la chicane. (Allant à la pendule). Encore une minute.

MARIETTE.

Qui attends-tu donc ?

ATALA.

Midi !

MARIETTE, à Amandine.

Moi aussi.

AMANDINE.

Et pourquoi ?...

ATALA.

Pour lire cette lettre d'Anatole qu'il a laissée sur ma commode..

AMANDINE.

Moi de même.

MARIETTE.

Moi de même.

(Elles montrent toutes trois leurs lettres.

ATALA.

C'est bizarre.

MARIETTE.

Étrange!... ils nous avaient laissé leurs petits bibelots.

AMANDINE.

Ils nous avaient laissé leurs livres... Ils nous avaient tout laissé...

ATALA.

Tout! excepté de l'argent!

MARIETTE.

(On entend midi sonner.) Et la broderie va si peu!

TOUTES LES TROIS.

Midi!...

ATALA.

Air: *de la Chatte merveilleuse...*

Midi s'annonce à mon coucou,
Il faut compter à chaque coup!
Est-ce un bonheur, est-ce un malheur
Qui vient frapper mon cœur?

ENSEMBLE.

Midi s'annonce, etc. etc.

ATALA.

Pan, pan, timbre argentin
Va vite, vite et poursuis ton chemin,
Pan, pan, réveil-matin
Pour les amours, tes heures vont grand train.

REPRISE.

Pan, pan, etc.

ATALA.

Ouvrons! (Elles ouvrent précipitamment leurs lettres qu'elles lisent chacune à part.)

MARIETTE, après avoir lu.

Ah!... du vinaigre!

AMANDINE, de même.

De l'eau de mélisse!...

ATALA.

De la chartreuse jaune ou de la verte.

(Elles tombent toutes trois sur des chaises, puis se relèvent aussitôt.)

MARIETTE.

Monstre!

AMANDINE.

Gredin!

ATALA.

Annexé!

AMANDINE, en pleurnichant.

Savez-vous ce qu'il m'écrit?... Qu'il ne reviendra m'épouser qu'après la guerre d'Amérique... attendu que la hausse du coton rend, en ce moment, l'achat d'un trousseau trop dispendieux...

MARIETTE.

Et moi... Il m'annonce que la mairie de son pays... a brûlé et qu'il ne reste plus qu'une pincée de son extrait de naissance.

ATALA.

Moi... c'est une autre guitare!... Le nouveau prix du papier timbré met, aujourd'hui, tout contrat de mariage au-dessus de ses moyens!... Ah!... (Se relevant.) Voulez-vous que je vous dise... nous sommes refaites.

AMANDINE.

Je le crois!

MARIETTE.

Oh! les hommes!

ATALA.

Quelle fichue invention... les hommes.

Air : *Adieu, je vous fuis, bois charmant.*

Sur eux j'ai besoin d' m'exprimer !
Dans ce siècle où l'on peut tout faire,
Si l'on pouvait les supprimer
Ça serait un' fameuse affaire,
Mes enfants, retenez le bien,
De nos chagrins ils sont la cause.
La moitié des homm's ne vaut rien
Et l'autre moitié pas grand chose...

AMANDINE.

Nous laisser ainsi !

MARIETTE.

Nous abandonner !

ATALA.

Nous lâcher comme des cerfs-volants !... sans ficelle...

AMANDINE.

Mais j'y songe !... je n'ai rien dans ma tire-lire !...

MARIETTE.

Je n'ai même pas la tire lire.

ATALA.

Eh bien !... nous voilà jolis garçons. Tous nos fournisseurs refusent d'augmenter notre ardoise... ça va être gentil.

MARIETTE.

Sans compter que l'épicier m'a remis sa note... ce matin, et qu'il demande à défaut d'argent... un réglement.

ATALA.

N'est-ce que cela ? j'engage ma signature...

MARIETTE.

Tu ferais mieux d'engager ton châle !

ATALA.

Je ne trouve pas, moi !... je n'ai qu'un châle... et j'ai plusieurs signatures !... Allons... vite... faisons un billet.

MARIETTE.

Mais du papier timbré.

ATALA.

J'en fais l'avance... J'en ai toujours sur moi... c'était un des principes d'Anatole... Il avait des principes, Anatole,... mauvais, mais il en avait. Règle générale, disait-il, on doit avoir toujours du papier timbré... attendu que si l'on rencontre quelqu'un qui veuille nous prêter de l'argent... et qu'on n'ait pas le timbre nécessaire... le prêteur prend des renseignements... Il réfléchit... la nuit porte conseil, et va te promener... il ne prête plus !

MARIETTE.

Voyons, tiens... voilà la plume... rédige-moi ça !

ATALA.

Ça me connaît. (Ecrivant.) « Au 15 décembre prochain, je paierai à Monsieur Fil-d'Acier, ou ordre, la somme de cinq cents francs... valeur reçue...

AMANDINE.

En sucre, bougies et raisins secs!...

ATALA.

Ça y est!... à toi... (Lui passant la plume).

AMANDINE, signant.

Voilà! à ton tour!

MARIETTE, signant.

Parafé! mais je réfléchis... nous ne devons que trois cent soixante francs à l'épicier... et tu fais un billet de cinq cents francs?

ATALA.

Enfant!... quarante francs d'escompte pour trois mois... et cent francs d'argent comptant qu'il nous donnera.

AMANDINE.

Oh! je devine.

ATALA.

AIR : *V'la c' que c'est d'aller au bois.*

V'la c'que c'est qu'd'avoir fait son droit
Dans l'bon chemin, ça vous mèn'droit
Sans avoir dévalisé d'coche
Sans une sacoche,
Sans rien dans sa poche,
On arrive à payer ce qu'on doit
Quand on a bien fait son droit.

Allons, vite... vole... chez ce négociant en salaison.

AMANDINE.

Le temps de mettre mon mantelet.

ATALA.

Inutile!... tu es gentille, moins tu auras de mantelet... plus il escomptera!

AMANDINE.

J'y cours... (Elle sort.)

SCÈNE II

ATALA, MARIETTE, puis MADELEINE.

ATALA.

Allons!... pourvu que l'épicier soit en fonds... (Elle va s'asseoir). Dis donc, Mariette?

MARIETTE.

Quoi ?

ATALA.

Sais-tu qu'il va falloir travailler, piocher plus que jamais

MARIETTE.

C'est vrai !.. (On frappe.) On a frappé !

ATALA, se levant.

Un créancier ?... du courage !... entrez ..

MADELEINE, entrant.

C'est moi !

MARIETTE.

Madeleine !

ATALA.

Une camarade d'atelier, ah ! nom d'une bobinette, tu arrives bien !... par quel hasard ici ?

MADELEINE.

J'avais de l'ouvrage à rendre dans le quartier... et j'ai profité de cela pour venir te voir.

ATALA.

Cette chère Madeleine !... (L'examinant.) Une robe d'indienne ! un petit bonnet ! moi aussi j'ai eu la robe d'indienne et le petit bonnet ! mais un jour que je portais de l'ouvrage, j'ai rencontrer sur mon chemin un nommé Phalampin, qui m'a demandé en mariage, alors j'ai eu des idées de grandeur ! j'ai rêvé des chapeaux lilas ! ah ! les chapeaux lilas ! voilà des choses qui vous mettent en délicatesse avec la couture et la broderie... ah ! ma petite Madeleine.

Air : *de Croquefer.*

Des chapeaux, des dentelles,
Des étoffes nouvelles,
Des petits brodequins
En cuir de maroquins,
Puis des boucles d'oreilles
Qui vous vont à merveille,
Spencer à brandebourgs
Et manteau de velours...
C'est avec tout's ces machines-là
Que l'amour du travail s'en va.

L'été filer à Bade !
Aller voir la cascade

De Boulogne ou Saint-Cloud,
Par un beau soir d'Août!
Aimer la contredanse,
Où la jambe se lance...
Et des rafraîchissements
Dans des bosquets charmants.
C'est avec tout's ces machines-là
Que l'amour du travail s'en va.

MADELEINE.

Mais... si voulez encore essayer. Il y a de la besogne pour vous dans le magasin... où je suis...

ATALA.

Vraiment? Ça te va-t-il, Mariette?

MARIETTE.

Dame!... comme tu voudras.

ATALA.

C'est dit... ma petite Madeleine, nous acceptons. (D'un ton doctoral), car le travail c'est la paix du cœur! .

MADELEINE, soupirant

Oh!... oui!...

ATALA.

Comme tu dis cela, Madeleine... Aurais-tu à te plaindre de quelque Anatole?

MARIETTE.

Ou d'un Philémon?

MADELEINE.

Non, mais j'ai à me plaindre de mon tuteur... car tu le sais, je suis orpheline... Et mon tuteur veut me marier... à un de ses amis, qui a un asthme... et soixante ans...

ATALA,

Soixante ans... c'est trop ou pas assez.

MADELEINE.

Comment cela?

ATALA.

Je m'entends... et probablement... il y en a un autre, sous roche, plus jeune, qui te tient au cœur.

MADELEINE.

Oh! oui... j'ai un petit cousin... que j'ai laissé en province... il y a huit ans... j'étais bien enfant alors... et mes parents, que je possédais encore, disaient toujours que je serais sa femme...

mais mon tuteur, chez qui je demeure, entend, prétend, exige...

ATALA.

Quoi, quoi... prétend, exige?... voyons donc ça, je suis très ferré sur les droits des mineurs... Dis-moi (Se posant). Quel âge as-tu?...

MADELEINE.

Dis-huit ans... et deux mois.

ATALA.

Très-bien! comme orpheline, tu as l'âge voulu pour être émancipée...

MADELEINE.

Comment?

ATALA.

Comme nous, Article 271... paragraphe 2. Le procureur Impérial est ton tuteur naturel. Tu te mets sous sa protection. Il ne peut pas s'y refuser. Mais comme généralement il a autre chose à faire, il délègue en son lieu et place le juge de paix de ton arrondissement... qui te sert de conseil de famille... l'on dégomme ton tuteur et tu es libre... comme un oiseau... (Allant prendre un code.) Vois le code.

MADELEINE.

Oh!... je m'en rapporte à toi... mais comment s'y prendre?

ATALA.

Tu vas constituer... avoué. Toutes les affaires commencen par la constitution d'avoué.

MADELEINE.

Mais lequel?

ATALA.

Lequel?... attends!... (Elle prend dans les papiers qui sont sur la table.) La liste des avoués, la voilà, tu iras de ma part, ah!... as-tu de l'argent?

MADELEINE.

Peu... mais...

ATALA.

N'y va pas de ma part... ou plutôt... va chez un autre... ic tout près... un ami d'Anatole.. le gredin!... pas l'avoué... Anatole. (Ecrivant.) Rue de Tournon. Maître Muscadel, un homme sérieux... nous avons polké ensemble... quand il était premier clerc.

MADELEINE.

Oh! quel bonheur... j'y vais tout de suite.

ATALA.

Et tu me tiendras au courant... je serai ton conseil gratuit?

MADELEINE.

C'est cela, j'y cours... Et je te dirai le résultat de ma démarche... en vous apportant de l'ouvrage.

ATALA.

Très-bien !..

SCÈNE III

LES PRÉCÉDENTS, AMANDINE.

AMANDINE.

Je viens de chez l'épicier !... ah !... bonjour, Madeleine.

MADELEINE.

Bonjour.

ATALA.

Que t'a dit l'épicier?

AMANDINE, hésitant.

Il m'a répondu. .

ATALA.

Je comprends !... Il t'a répondu, des pruneaux !

AMANDINE.

Qu'allons-nous devenir?

MADELEINE.

Qu'avez-vous ?

ATALA, à Madeleine.

Rien ! (A Amandine). Si tu essayais du pâtissier?...

AMANDINE.

Tiens... c'est vrai... quand je vais chez lui, il me fait des yeux...

ATALA.

Qu'il t'en fasse un !... ça suffira...

AMANDINE.

J'y vole.

ATALA.

Va... Et toi, Madeleine... ne nous oublie pas!

MADELEINE.

Soyez tranquille.

ENSEMBLE.

AIR : *du Siége de Corinthe.*

ATALA et AMANDINE.

Songe à nous revenir bien vite,
De conseil mon cœur t'aidera;
Grâce à toi, grâce à ta visite
Le travail nous consolera.

MADELEINE.

Oui, je vais revenir bien vite,
De conseils elle m'aidera
Grâce à moi, grâce à ma visite
Le travail la consolera.

(Après l'ensemble Madeleine et Amandine sortent par la droite, Atala et Mariette entrent à gauche).

SCÈNE IV

AMILCAR, MOUILLEBOUCHE.

(On entend frapper deux ou trois coups, puis la porte s'ouvre timidement.)

AMILCAR, passant sa tête.

Peut-on entrer ?

(Il retire sa tête.)

MOUILLEBOUCHE, de même.

Si vous n'y êtes pas, faut le dire !

(Il se retire.)

AMILCAR.

Entrons !

MOUILLEBOUCHE.

Entrons !

AMILACR, entrant.

M. Anatole Phalampin... s'il vous plaît ?

MOUILLEBOUCHE.

Personne !

AMILCAR.

Attendons-le.

MOUILLEBOUCHE. Il va pour s'asseoir.

Je veux bien !...

AMILCAR, l'arrêtant.

Mouillebouche... mon ami, de la tenue.

MOUILLEBOUCHE.

Ce n'est donc pas de la tenue que de s'asseoir?...

AMILCAR.

Y penses-tu?... Ici, chez un professeur, un docteur... dans le sanctuaire... des lois... (Se retournant.) Tiens, quel drôle de sanctuaire! (Il regarde l'ameublement.)

MOUILLEBOUCHE.

Un sanctuaire d'occasion.

AMILCAR.

Rappelle-toi... ce que mon père m'a dit.

MOUILLEBOUCHE.

Mais c'est à toi qu'il s'adressait.

AMILCAR.

Il en est de la morale, comme des déjeuners de province. Quand il y en a pour un, il y en a pour deux... Mon fils, c'est papa qui parle... je suis brasseur; je ne veux pas te faire embrasser ma profession. Embrasse-moi et va-t-en à Paris terminer ta brillante éducation, en faisant ton droit.

MOUILLEBOUCHE.

Là-dessus... il t'a donné beaucoup d'instructions... peu d'argent.

AMILCAR.

Et il a ajouté: Va rue des Canettes; en sa qualité de brasseur, ça se comprend. Tu demanderas M. Phalampin... l'huissier de Châlons me l'a recommandé.

MOUILLEBOUCHE.

Seulement, il a négligé de nous dire l'heure à laquelle... on le trouve... Allons-nous-en.

AMILCAR.

Attends donc! Je vais encore appeler. (D'une voix timide.) M. Anatole Phalampin, s'il vous plaît!

MOUILLEBOUCHE, criant.

A la boutique!

AMILCAR.

De la tenue!

MOUILLEBOUCHE.

A la boutique!

SCÈNE V

LES PRÉCÉDENTS, ATALA.

(Elle entre brusquement par la gauche, tandis que Mouillebouche et Amilcar sont tournés à gauche. Elle tient une poêle à la main.)

Qui est-ce qui me dérange dans ma friture ? (Elle cache vivement sa poêle derrière elle.)

AMILCAR.

Une dame !

MOUILLEBOUCHE, à part.

Oh ! qu'elle est bien !... Elle me rappelle la limonadière du café de l'Obélisque, à Châlons.

ATALA.

Que demandez-vous ?

AMILCAR.

M. Anatole Phalampin !

ATALA.

Ce n'est pas moi... Voyez en face... D'ailleurs, il n'y en a plus d'Anatole !

AMILCAR.

Ah ! (D'un air ahuri à Mouillebouche.) Qu'est-ce qu'elle dit ?

MOUILLEBOUCHE.

Elle dit qu'il n'y en plus... Il doit être mort... Allons nous-en...

AMILCAR.

Attends. Faut voir.

SCÈNE VI

LES PRÉCÉDENTS, MARIETTE.

MARIETTE.

Me voilà !...

AMILCAR.

C'est peut-être lui !... (Regardant.) Non !

ATALA, à Mariette.

Hé bien !

MARIETTE.

Le pâtissier a refusé... net!...

AMILCAR, s'avançant.

Nous gênons peut-être madame?

ATALA.

Du tout... Je donne des ordres pour déjeuner.

MOUILLEBOUCHE.

Tiens!... ça me fait penser que le nôtre nous attend...

ATALA, s'avançant.

Ah!... il vous attend?...

MARIETTE, de même.

Un déjeuner froid?

AMILCAR.

Dame!...

MOUILLEBOUCHE.

Chaud et froid... panaché... Nous panachons nos déjeuners.

AMILCAR.

Aussi... madame... nous nous retirons.

ATALA.

Sans nous inviter!... Pardon, pardon!... Vous ne m'avez pas dit ce que vous désiriez de M. Phalampin.

AMILCAR.

Puisqu'on n'en tient plus.

ATALA.

Cela dépend!... Si c'est de l'argent... que vous venez chercher... il ne viendra pas... Si, au contraire, vous lui en apportez... il va venir.

AMILCAR.

Ah!... bien... J'y suis... Hé bien! c'est de l'argent que j'apporte.

ATALA.

Donnez-vous donc la peine de vous asseoir.

MARIETTE.

Un siége à Monsieur! (Elle apporte un siége.)

ATALA.

Un coussin sous vos pieds... une chaufferette!

AMILCAR.

Madame est bien bonne!

MOUILLEBOUCHE, *à part*.

Elle a le nez de la cafetière de Châlons!

ATALA.

Comment vous nomme-t-on?

AMILCAR.

Amilcar Blaireau.

MOUILLEBOUCHE.

Philidor Mouillebouche.

ATALA.

Nous disons donc!...

AMILCAR, *hésitant*.

Mais... je ne sais si je dois...

MARIETTE, *vivement*.

Vous pouvez tout dire devant madame.

ATALA.

Vous pouvez tout me dire.

AMILCAR.

En effet... Puisque M. Phalampin est sorti et que vous êtes ici, je devine... vous êtes madame Phalampin.

ATALA.

Hein?

MARIETTE, *vivement*.

Vous l'avez dit!...

AMILCAR.

Voici la chose... Papa est brasseur à Châlons, où il fabrique de la bière de Bavière...

MOUILLEBOUCHE.

Que l'on boit à Louvain.

AMILCAR, *continuant*.

Notre éducation étant complètement terminée... il a trouvé qu'il nous manquait quelque chose... Alors, il m'a dit à moi... et à mon frère de lait, que voici...

MOUILLEBOUCHE.

Philidor Mouillebouche...

AMILCAR.

Je continue.... frère de lait... que voici... allez à Paris...

ATALA, *chantant*.

Allez à Paris!... allez à Paris!...

AMILCAR.

Non! Papa ne chante pas; il dit cela tout bonnement. Allez à Paris faire votre droit... et adressez-vous à M. Phalampin.

MOUILLEBOUCHE.

Pour qu'il soit votre répétiteur.

AMILCAR.

Même que voici le premier mois... que nous devons lui payer d'avance.

ATALA.

Ah !

AMILCAR.

Et comme il n'est pas là, si madame... (Il tend une bourse.)

MARIETTE, à Atala.

Songe au déjeuner !

ATALA, prenant la bourse.

Je la prends... mais à une condition... à deux conditions. (A part.) Sauvons l'odieux du rôle !

AMILCAR.

Parlez !

ATALA.

C'est qu'en l'absence de...

MOUILLEBOUCHE.

De votre mari.

ATALA.

De monsieur Phalampin... je vous donnerai les premières notions... du droit... ça me connaît !

AMILCAR.

Quoi, Madame !

MOUILLEBOUCHE.

Oh ! oui ! soyez ma répétiteuse... (A part.) Quelle belle nature !

ATALA

Puis, deuxième condition... C'est que vous accepterez à déjeuner avec nous.

AMILCAR.

Dame ! (A Mouillebouche.) Faut-il ?

MOUILLEBOUCHE.

Oh ! oui !... oh ! oui...

AMILCAR.

Nous acceptons.

ATALA, à Mariette.

Toi... occupe-toi du billet.

MARIETTE.

Tiens !... je pense à l'herboriste !

ATALA, de même.

Très bien... dis en passant à Amandine de préparer le déjeuner... Pain... vin... poulet froid, et côtelettes de... de chez le charcutier, avec des petits jeunes gens autour.

MARIETTE, de même.

Des cornichons,... j'y suis !

MOUILLEBOUCHE.

Nous sommes toujours là !

ENSEMBLE.

AIR : *des Mousquetaires de la Reine*

MARIETTE et ATALA

Prenons, / Va, prends. } pour notre usage,
Mets fins et délicats,
L'avenir nous présage
Un excellent repas !

AMILCAR et MOUILLEBOUCHE.

Prenez, pour notre usage,
Mets fins et délicats,
L'avenir nous présage
Un excellent repas !

(Mariette sort par le fond.)

SCÈNE VII

MOUILLEBOUCHE, AMILCAR, ATALA.

ATALA, à elle-même.

Voyons !... voyons !... il s'agit de leur en donner pour leur argent à ces Cocodès-là ! (Haut.) Nous disons donc... que vous êtes venus ici, pour faire connaissance avec Cujas et Barthole.

AMILCAR.

Au contraire... Papa nous a défendu de faire des connaissances.

MOUILLEBOUCHE, à Atala.

Mais, je n'ai pas de papa... Je peux en faire... (Avec intention.) des connaissances.

ATALA.

Avez-vous quelque teinture de droit ?

AMILCAR.

Pas une miette...

MOUILLEBOUCHE.

Pas une bouchée !...

ATALA.

Quel est votre âge ?

AMILCAR.

J'aurai vingt-quatre ans l'année prochaine à pareille époque.

ATALA.

Alors, vous avez vingt-trois ans... Et vous ?

MOUILLEBOUCHE.

Moi... j'ai eu vingt-deux ans... il y a douze mois... juste... jour pour jour !

ATALA.

Eh ! bien, ça vous fait vingt-trois ans aussi.

MOUILLEBOUCHE.

Eh ! bien, nous sommes jumeaux !

AMILCAR.

Pas de père, ni de mère !

MOUILLEBOUCHE.

Non ! mais du même département !

ATALA.

Alors... vous êtes majeurs... très-bien ! tenez ! (Elle va à la petite bibliothèque.) Voici à chacun un code.

AMILCAR.

Pourquoi faire ?...

MOUILLEBOUCHE.

Qu'est-ce que c'est que ça, un code ?

ATALA.

Un petit volume relié en veau... avec des tranches de différentes couleurs... assis et commençons... (Ils s'assoient tous trois.) Feuilletez ! feuilletez ! page 17 !... Voyons de la majorité... A cet âge... on est capable de tous les actes civils... On peut faire toutes les sottises possibles d'une façon régulière...

AMILCAR.

Très-bien !

MOUILLEBOUCHE, levant la main.

Hum !... Je ne comprends pas !

ATALA.

C'est-à-dire que vous pouvez tester, stipuler, contracter... Exemple...

SCÈNE VIII

LES PRÉCÉDENTS, MARIETTE.

MARIETTE, entrant vivement, à Atala.

Je viens de chez l'herboriste !

ATALA, bas.

Eh bien ?... (Haut.) Pardon, Messieurs !

AMILCAR et MOUILLEBOUCHE.

Faites donc !... faites donc !

MARIETTE, tenant le billet.

Eh ! bien, il a dit que des noms de femme ça n'est pas bien vu... à la Banque de France... et que...

ATALA, à Mariette.

Chut ! une idée... Ah ! auparavant... Dis-moi, es-tu sûre de payer à l'échéance ?...

MARIETTE.

Sois tranquille !

ATALA.

Très-bien !... (Haut et reprenant.) Exemple !. .

AMILCAR.

Rasseyons-nous !...

ATALA.

Vous avez besoin... d'argent... c'est une supposition... Que faites-vous ?...

AMILCAR.

J'en demande à papa.

MOUILLEBOUCHE.

Mais, je n'ai pas de papa, c'est à lui que je m'adresse. (Montrant Amilcar.)

ATALA.

Moi... c'est toujours une supposition... si votre père vous en refuse ?...

AMILCAR.

Ah ! j'en demande à ma tante...

ATALA.

Alors, on a recours à l'emprunt. Emprunter est la première

chose qu'on fasse dès qu'on est majeur... Vous empruntez et vous signez des billets.

AMILCAR.

Comment cela?...

ATALA.

Ah!... c'est bien simple... Tenez... joignez le précepte à l'exemple... nous appelons cela le droit pratique!... voici une plume, de l'encre, un papier... timbré!... tout ce qu'il faut pour écrire comme dans les comédies.

AMILCAR.

Et puis, après?

ATALA.

Vous mettez votre nom dessus...

AMILCAR.

Ce n'est pas plus difficile que ça!

ATALA.

Mon Dieu, non!

AMILCAR.

Voilà. (Il signe.)

ATALA.

A vous...

MOUILLEBOUCHE.

Je signe... les yeux fermés sur ce papier, mais ouverts sur votre personne. (Il signe.)

ATALA, prenant le billet.

Merci! — Voilà le billet, cours chez l'herboriste.

MARIETTE.

J'y vais!... Ah! Madeleine!... Entrez!... je suis à vous, tout à l'heure! (Elle sort.)

SCÈNE IX

LES PRÉCÉDENTS, excepté MARIETTE, puis MADELEINE.

MADELEINE, s'avançant.

Voilà de l'ouvrage!

ATALA.

Plus bas. (Allant à Madeleine.) Oui, une cliente! (Madeleine salue).

AMILCAR.

J'aimerais à en avoir de semblables.

MADELEINE.

Monsieur est bien bon... (A Atala). Quel est ce jeune homme?

ATALA, bas.

Un serin... non... un élève. (Haut.) J'ai donné ce matin une consultation à mademoiselle, et j'ai hâte de savoir... Vous permettez?...

AMILCAR.

Si nous vous gênons, mesdames...

ATALA.

Du tout!... écoutez et profitez. (A Madeleine.) As-tu constitué avoué?

MADELEINE.

J'ai été chez celui que tu m'as indiqué...

ATALA, à Amilcar.

De l'émancipation, article 478. — Ouvrez le code.

AMILCAR.

Ah! bien... j'ouvre!...

MOUILLEBOUCHE.

Je feuillette en vain.

MADELEINE.

Il m'a dit que tout cela pouvait se faire, mais qu'il me fallait une demande formée par un parent ou un ami de la famille.

ATALA.

Et où est le dernier fragment de ta famille?

MADELEINE.

En Bourgogne!

ATALA.

C'est trop loin... et le temps presse... as-tu un ami?... Non... — bien... je comprends. — J'ai ce qu'il te faut? (Se retournant.) Messieurs... ou plutôt, vous, Amilcar. — Vous suivrez cette affaire.

MADELEINE.

Quoi?

AMILCAR.

Ah! oui... je la suivrai... je vous suivrai... je suivrai tout ce que vous voudrez!... (A Mouillebouche.) Cette jeune fille est ruisselante!

ATALA.

Vous signerez la demande...

AMILCAR.

Avec mon sang... s'il le faut!

MADELEINE.

Ah! Monsieur... je vous remercie...

AMILCAR.

Pas de quoi, mademoiselle... pas de quoi!...

ATALA.

Toi, retourne chez l'avoué...

MADELEINE.

Il ne sera à son étude que dans une heure!

ATALA.

Alors... déjeûnons... es-tu des nôtres?

MADELEINE.

Mais...

AMILCAR.

Ah! mamzelle... manger avec vous est mon vœu le plus doux!...

AMANDINE, entrant.

Le déjeuner est servi, Messieurs, veuillez m'aider!

ATALA.

Bravo!

(Elle va prendre la table qu'elle amène sur le devant à l'aide d'Amandine.)

SCÈNE X

LES PRÉCÉDENTS, MARIETTE.

MARIETTE, bas à Amandine.

Le billet est escompté... avec cinq louis de retour.

ATALA.

Parfait!... A table!

TOUS.

A table!

ENSEMBLE.

AIR : *des Flambards*

Vite, allons, tout nous dit,
Nous prescrit
D'aller à table
Un repas délectable
Aiguisera l'appétit!

(Ils se mettent table.)

ATALA.

Asseyez-vous là!... Avez-vous faim, M. Mouillebouche?

MOUILLEBOUCHE.

Oh! il me faut si peu de choses!... Je déjeune d'un sourire. (A Amilcar.) Passe-moi de la charcuterie.

AMILCAR.

Et moi je dine avec un baiser... (A Madeleine.) Reste-il encore du fromage?... Mais vous ne mangez pas, mademoiselle!

MADELEINE.

Pardonnez-moi, je suis préoccupée!

MARIETTE.

Atala!

ATALA.

Hein?

MOUILLEBOUCHE.

Elle s'appelle Atala... Oh!...

MARIETTE.

J'ai oublié le dessert!...

TOUS.

Oh!

ATALA.

Permettez-moi de vous l'offrir.

TOUS.

Nous l'acceptons!

MARIETTE.

Qu'est-ce que c'est?

AMILCAR.

Un bondon... ou un Camembert peut-être?...

ATALA.

Non, une chanson!

TOUS.

Très-bien!... Bravo!

ATALA, se levant.

Madame Suzon et madame Grognon! (A Mariette et à Amandine.) Vous savez le refrain?

MARIETTE et AMANDINE.

Oui! oui!

ATALA.

J'y suis! (Elle se lève.)

CHANSON.

Quand l' mari s' promèn' dans la ville
Il faut voir madame Suzon,
Tout rit, tout chante au domicile
Ell' gazouille comme un pinson.

Mais aussitôt que l' mari rentre,
Ah ! Diantre !
Ell' fait le diable à la maison (*bis*)
Gnon, gnon, gnon, gnette, gnon, gnon!
C'est madame Grognon !

Quand on la conduit à la fête,
Il faut voir madame Suzon,
Ell' va des pieds, des mains, d' la tête,
Ell' prend du plaisir à foison,
Mais au logis sitôt qu'elle rentre
Ah ! diantre ! Etc.

TOUS, se levant.

Bravo !...

AMILCAR, se levant.

Vous me la copierez, je vous prie !...

MADELEINE, se levant.

Il est l'heure de partir !

AMILCAR.

Oh ! non !... Pas encore !...

ATALA.

Elle a raison ! Les affaires avant tout !... Va chez l'avoué !

AMILCAR.

Moi aussi... Je n'ai jamais vu un avoué !

ATALA.

C'est inutile... Donnez vos noms et prénoms... d'abord... Vous irez signer plus tard.

AMILCAR.

J'obéis... Voici... sur porcelaine ! (Il tire une carte de sa poche et la donne à Madeleine.)

MADELEINE.

Merci bien !... (Lisant.) Que vois-je ! Amilcar Blaireau ?...

AMILCAR.

Vous dites ?...

MADELEINE.

Rien ! (A part.) Mon cousin !... Quelle rencontre !... Oh ! que c'est heureux !

ATALA.

Tu as l'air d'être bien joyeuse !

MADELEINE.

Oui... oui... En effet ! .. Au revoir, Atala ! Et vous, mon... monsieur !

ENSEMBLE.

AIR : *de la Chatte merveilleuse* (premier acte.)

ATALA, MARIETTE, AMANDINE.

Allez, chère enfant, et reprenez courage
Pour vous se prépare un bienheureux destin,
Et vous en aurez plus de cœur à l'ouvrage ;
La gaîté renaît ! Arrière le chagrin !

MADELEINE.

Quel bonheur pour moi, je reprends bon courage;
Enfin, c'est bien lui ! je revois mon cousin,
J'aurai désormais plus de cœur à l'ouvrage
La gaîté renaît, arrière le chagrin !

MOUILLEBOUCHE et AMILCAR.

Quel bonheur pour moi, je reprends bon courage;
Enfin, j'entrevois un ravissant destin
J'aurai désormais plus de cœur à l'ouvrage ;
La gaîté renaît, arrière le chagrin !

(Après l'ensemble, Mariette et Amandine ont ôté le couvert.)

SCÈNE XI

LES PRÉCÉDENTS, excepté MADELEINE.

MOUILLEBOUCHE, s'approchant d'Amilcar.

Dis donc ?

AMILCAR.

Quoi ?

MOUILLEBOUCHE.

Je suis pincé !

AMILCAR.

Je suis mordu !... J'adore la petite qui vient de partir !

MOUILLEBOUCHE.

Et moi... ma professeuse !

AMILCAR.

Comment faire ?...

MOUILLEBOUCHE.

Que t'es bête !... Enlève-la !

ATALA.

Eh bien, M. Mouillebouche, venez donc m'aider à enlever la table !...

MOUILLEBOUCHE.

Avec transport, madame !

AMILCAR, sur le devant de la scene.

Enlever !..: Ce mot me plaît. Seulement, j'ai des craintes... Est-ce permis?... Est-ce défendu?... Je voudrais savoir l'opinion de la magistrature sur ce point délicat.

(Pendant ce qui précède, Mouillebouche a passé la table dans la pièce à côté, et ne rentre qu'à sa réplique.)

ATALA, s'approchant.

Eh bien !..: A quoi songez-vous ?

AMILCAR.

A une question de droit sur laquelle je voudrais avoir votre avis.

ATALA.

Parlez !

AMILCAR.

Êtes-vous solide sur l'article enlèvement ?

ATALA.

Je ne connais que ça..: Code pénal:.. Crimes et délits contre les personnes:.. Article 374 et suivants.

AMILCAR.

Seriez-vous assez bonne pour me faire un petit cours d'enlèvement... là... sur le pouce !

ATALA, à part.

Tiens ! cette idée !... (Haut.) Volontiers... Nous avons l'enlèvement de *mineure*, rapt avec ou sans violence, de un an à cinq ans d'emprisonnement !

AMILCAR.

Il n'en faut pas !

ATALA.

Nous avons encore l'enlèvement de la fille *majeure* ; c'est très-bien porté, çà... La loi est plus douce pour la fille majeure !

AMILCAR.

Majeure... ou émancipée... ça doit être la même chose !

ATALA, à part.

Emancipée !... Est-ce que par hasard, il penserait à Madeleine ?...

AMILCAR.

Mais lorsque la personne enlevée est ravie ?...

ATALA, l'interrompant.

Si elle est ravie d'être enlevée, la loi n'a rien à voir là-dedans.

AMILCAR, à part.

Parfait !

ATALA, à part.

Je te surveillerai, mon gaillard !

SCÈNE XII

LES PRÉCÉDENTS, MADELEINE.

MADELEINE, entrant.

Nos noms ne suffisent pas !... (A part.) Mon cousin est encore là !...

AMILCAR.

C'est elle !

ATALA.

Quoi de nouveau ?

MADELEINE.

Il faut que M. Amilcar vienne tout de suite signer.

AMILCAR.

Avec transport !

ATALA.

Minute ! (A part, à Madeleine.) Méfie-toi de lui !

MADELEINE.

Je ne le crains pas ! (Haut.) Venez-vous ?... J'ai une voiture en bas !

AMILCAR.

Elle... a une voiture !

ATALA, l'arrêtant.

Doucement ! (Bas à Madeleine.) Prends garde !... Il va t'enlever !...

MADELEINE.

Lui !... C'est moi, au contraire, qui l'enlève !

ATALA, étonnée.

Ah ! bah ! Fiez-vous donc aux ingénues ! (Bas à Madeleine.) Imprudente !

MADELEINE, de même.

Je n'ai pas peur.

AMILCAR, à Mouillebouche qui est resté à lire son Code.

Dis donc !

MOUILLEBOUCHE.

Hein ?

AMILCAR.

Ça y est... Je l'enlève !...

MOUILLEBOUCHE.

Bah !

AMILCAR.

Dans une voiture... à elle !

MADELEINE.

Eh ! bien, j'attends...

AMILCAR.

Voilà !...

ENSEMBLE.

AIR : *des vins de France.*

AMILCAR.

L'amour m'attend,
Profitons de l'instant
Moment
Charmant
Quel enlèvement !

MOUILLEBOUCHE.

Puis qu'on l'attend
Qu'il guette bien l'instant,
Moment
Charmant,
Quel enlèvement ?

ATALA.

C'est étonnant
Est-ce sérieusement ?
Est-ce vraiment
Un enlèvement ?

MADELEINE.

Puisqu'il m'attend
Profitons de l'instant,
Moment
Charmant,
Quel enlèvement !

(Avant la sortie de Madeleine et d'Amilcar, Mouillebouche prend à part Atala.)

MOUILLEBOUCHE, à Atala.

J'ai à vous dire deux mots en particulier.

ATALA.

Moi... mais... (On entend Mariette et Amandine appeler Atala.) Plus tard, dans un quart d'heure... je serai ici... (A part.) Que me veut-il donc ?

REPRISE DU CHŒUR

Moment charmant. Etc.

(Après le chœur, Atala entre à gauche, Madeleine et Amilcar s'en vont par le fond, Mouillebouche suit des yeux Atala.)

SCÈNE XIII

MOUILLEBOUCHE.

Mon frère de lait donne dans les jeunes filles... faut épouser, merci ! moi, je donne dans la femme mariée !.. Madame Phalampin !.. ho ! non, Atala... c'est plus gentil !... (S'asseyant.) Elle va venir dans un quart d'heure, m'a-t-elle dit... Etudions mon code ça la flattera... (Ouvrant le code et lisant.) Des devoirs de l'homme et de la femme. « En état de mariage... la femme doit fidélité à son époux. » (Avec fatuité.) A ce que vous dites !... Il est encore bon là, le code !.. ah ! ce code !... (Lisant.) L'infidélité conjugale est punie d'une amende qui varie de 500 à 10,000 fr... et d'un emprisonnement de deux mois à cinq ans... (Se levant.) Elle est mauvaise celle-là... (Lisant.) Voyons donc ! voyons donc ! flagrant délit dans le domicile conjugal ! fichtre ! j'y suis ! la prison ! fichtre ! et j'allais donner tête baissée... quoi... je me promène tranquillement autour de Mazas... et j'irais crier... cordon s'il vous plaît !... ah !... mais non... n'en faut plus d'Atala... je retire ma candidature... Oh ! c'est elle !

SCÈNE XIV

ATALA, MOUILLEBOUCHE.

ATALA, entrant et se parlant à elle-même.

Évidemment... mon élève en tient pour moi... J'ai cru m'apercevoir... qu'il me lançait des œillades et des soupirs ! si ses intentions sont pures... Je ne dis pas !... (regardant.) Le voilà !

MOUILLEBOUCHE, à part.

Tête-à-tête !... flagrant délit !... Si je pouvais filer...

ATALA.

Vous avez désiré me parler.

MOUILLEBOUCHE.

Oui !... non !... si !...

ATALA, à part.

Charmant embarras !... (Haut). Je vous écoute !

MOUILLEBOUCHE.

Voici !... ah ! permettez que j'ouvre la porte ! (Il va ouvrir la porte du fond).

ATALA.

Quelle drôle d'idée !...

MOUILLEBOUCHE, à part.

On ne dira pas que nous sommes enfermés !

ATALA.

Eh bien !... j'attends...

MOUILLEBOUCHE.

Madame... je suis... permettez-moi d'ouvrir la fenêtre ! (Il va ouvrir la fenêtre. A part.) Bonne précaution !

ATALA.

Ah ! ça, mais... vous auriez mieux fait de me demander un

rendez-vous dans la plaine des Vertus... ou au Champ-de-Mars. Enfin, approchez-vous !

MOUILLEBOUCHE, s'éloignant.

Oh! non. !.. de loin?

ATALA.

Soit !

MOUILLEBOUCHE.

Je... je voulais... vous interroger sur un article du code...

ATALA, à part.

Comment... c'est pour ça.:.

MOUILLEBOUCHE.

Le paragraphe sur les conversations criminelles.

ATALA.

Joli sujet d'étude !... d'une application fréquente. Voyons, interrogez !...

MOUILLEBOUCHE.

Comment s'y prend-on pour constater le délit sus-énoncé !

ATALA.

C'est le pont aux ânes... un mari qui tient à être sûr de son fait... guette avec impatience... Il attend que les deux coupables... soient ensemble... comme nous sommes là tous les deux. (A Mouillebouche.) Approchez-donc... si vous n'entendez rien.. vous ne profiterez pas !...

MOUILLEBOUCHE.

Si... si, je profite.

ATALA.

Si c'est dans le domicile conjugal... Ça n'en vaut que mieux. (Elle va fermer la fenêtre de gauche.) Il vient un vent ici...

MOUILLEBOUCHE, ouvrant la fenêtre de droite.

Très-bien !... continuez !

ATALA.

Alors, le commissaire, averti par le mari, arrive; il pince les coupables.

MOUILLEBOUCHE.

Ah ! il les pince !

ATALA.

Puis les avocats s'en mêlent, et prouvent clair comme le jour à l'époux que s'il a été trompé, ça n'est pas par les apparences et les prévenus obtiennent quelques francs d'amende et pas mal de prison !

MOUILLEBOUCHE, à part.

Eh bien, merci!... de la prison !... mais je ne sais pas faire de chaussons de lisières, moi... Je m'en vais !... (Il va pour sortir).

ATALA.

Hé bien ! vous me quittez !...

MOUILLEBOUCHE.

J'ai oublié mon parapluie !

ATALA.

Sans me remercier. (A part). Il faut l'encourager, il est timide (Haut). Sans me donner la main... (Elle lui tend la main.)

MOUILLEBOUCHE.

Mais... (Il s'approche timidement.)

ATALA.

Voyons... Je suis gentille... Embrassez-la !

MOUILLEBOUCHE, s'éloignant.

Jamais ! jamais !

ATALA.

Hein ?

MOUILLEBOUCHE.

Et l'amende ! et Mazas !... et les chaussons de lisière ?

ATALA.

Que dit-il ?

MOUILLEBOUCHE.

Tenez .. vous voyez ce code... Je le place entre nous deux comme une barrière. (Il jette son Code à terre.) Et nous verrons si vous osez trépigner sur les lois de votre pays.

ATALA.

Mais pourquoi... ce livre ?

MOUILLEBOUCHE.

Ce livre ?... Qu'il vous rappelle vos devoirs... femme Anatole Phalampin !

ATALA.

Comment ?

MOUILLEBOUCHE.

Femme Anatole Phalampin ! (Il se sauve précipitamment à droite On l'entend se barricader.)

SCÈNE XV

ATALA, puis AMILCAR.

ATALA.

Ah ! ah ! ah ! le pauvre garçon !... Je devine tout... Grâce au petit mensonge de Mariette, il me croit mariée... et... ah ah ! ah !

AMILCAR, entrant.

Ah ! vous voilà, vous ?

ATALA.

Ah ! le beau séducteur ! qui cherche à enlever les femmes!

AMILCAR.

Merci ! Je les enlève drôlement, les femmes... parlons-en !

ATALA.

Que vous est-il arrivé ?

AMILCAR.

Ce qui m'est arrivé ?... Qu'on m'a fait signer toutes sortes de papiers.. que j'ai entendu entre l'avoué et votre cliente les mots de futur, de fiancé, de mariage... A ce point que j'en étais demeuré tout stu...

ATALA.

Pide ?

AMILCAR.

Non !... péfait !... Mais ce n'est pas tout... J'ai causé avec un clerc de l'étude. Je lui ai tout raconté... mon arrivée ici... les leçons de droit que vous me donniez...

ATALA.

Aïe ! aïe ! aïe !

AMILCAR.

Et il m'a déclaré que j'étais victime d'un guet-apens, de rapt, de violence, d'abus de confiance.

ATALA.

De grâce !

AMILCAR.

D'extorsion de signature, de supposition de personne...

ATALA.

Assez !... assez !

AMILCAR.

AIR. *Connaissez mieux le Prince Eugène.*

A ma colère en vain on se dérobe,
Vous, professeur ! Ça n'est pas votre état
Et si vous portez une robe
Est-ce celle d'un avocat ?
Vous me trompiez ! Ce n'est pas délicat !
Mon père, hélas ! du profond de son âme
Va me traiter de fils pervers,
Lorsqu'il saura que grâce à vous, madame,
J'ai fait mon droit tout de travers.

SCÈNE XVI

LES PRÉCÉDENTS, MADELEINE.

ATALA.

Enfin ! écoutez-moi !

MADELEINE.

Pourquoi tout ce bruit ! grand Dieu ?

AMILCAR.

Ah ! c'est vous ! Si jolie et si astucieuse !

MADELEINE.

Tenez !... Lisez !... (Elle lui présente des papiers)

AMILCAR.

Ah ! oui... tout ce que vous m'avez fait signer,.. chez votre homme en lunettes d'or !

MADELEINE.

Mais lisez donc !

ATALA.

Que se passe-t-il ?

MADELEINE.

Tu vas voir !...

AMILCAR, après avoir lu.

Grand Dieu !... Ciel ! est-il possible !... Elle !... vous... ma cous... Ah ! ah !... je me trouve mal ! (Il tombe sur un fauteuil.)

SCÈNE XVII

LES PRÉCÉDENTS, AMANDINE et MARIETTE.

AMANDINE.

Quel tapage !

MARIETTE.

Tiens ! il se trouve mal !... Ça me connaît, moi... Qu'on le saigne aux pieds, aux bras... Des sangsues... beaucoup de sangsues !

AMILCAR, se relevant.

Ah ! mais non ! C'est la joie ! le bonheur !... Oh ! Madeleine .. ma cousine !

MADELEINE.

Me pardonnez-vous de vous avoir enlevé ?

AMILCAR.

Oh ! oui !

SCÈNE XVIII

LES PRÉCÉDENTS, MOUILLEBOUCHE.

MOUILLEBOUCHE, se montrant à droite.

Y a-t-il assez de monde pour que j'entre sans être compromis?

ATALA.

Mais venez donc ! venez donc, M. Mouillebouche !... On vous a trompé... Je ne suis pas mariée... Je suis demoiselle.

MOUILLEBOUCHE.

Ah ! bah !.... Ça ne fait rien... Je vous aime toujours !... Je vous adore

ATALA.

Et vous m'épousez ?

AMILCAR.

Le même jour que moi ; car je vais écrire pour demander à mon père...

MOUILLEBOUCHE.

Moi... je n'ai pas de papa... Je me fais des sommations respectueuses à moi-même.

ATALA.

Un instant, jeune homme ! On ne se marie pas les yeux fermés... Savez-vous qui je suis ?... On n'épouse pas chat en poche... Il vous faut des renseignements sur mon compte...

MOUILLEBOUCHE.

C'est vrai !

ATALA.

Eh bien ! Ces renseignements... c'est moi qui vous les donnerai !

ATALA, *au public.*

AIR : *de gnon, gnon.*

Lorsque vient le moment critique
L'auteur tremble, et non sans raison !
Mais si l'on s' montre pacifique,
C'est du bonheur pour la maison,
Aussi pour ce léger ouvrage
Courage!
Donnez des bravos à foison ! *(bis)*
Gnon, gnon, gnon, gnette, gnon, gnon !
Tant mieux pour la maison ! } *(bis)*

FIN.

VERSAILLES.—IMPRIMERIE CERF 59, RUE DU PLESSIS.

BIBLIOTHÈQUE DU THÉATRE MODERNE

EN VENTE CHEZ DENTU, ÉDITEUR :

F. C.

LES PETITS OISEAUX, comédie en trois actes, par MM. Eugène Labiche et Delacour, joli vol. grand in-18 ..... 2 »

LE VRAI COURAGE, comédie en 2 actes, par MM. Adolphe Belot et Raoul Bravard ..... 1 »

LA FLEUR DU VAL-SUZON, opéra-comique en 1 acte de M. Turpin de Sansay, musique de M. Douay ..... 1 »

LES PLANTES PARASITES OU LA VIE EN FAMILLE, comédie en 4 actes, par M. Arthur de Beauplan ..... 2 »

L'HOMME ENTRE DEUX AGES, opérette en un acte de M. Emile Abraham, musique de M. Henry Cartier ..... 1 »

CORNEILLE A LA BUTTE SAINT-ROCH, comédie en un acte, en vers, représentée au Théâtre-Français, le vendredi 6 juin 1862, précédée de notes sur la vie de Corneille, d'après des documents nouveaux, par Edouard Fournier, 1 vol. grand in-18, orné d'une jolie vignette et d'un plan ..... 4 »

L'HOTESSE DE VIRGILE, comédie en un acte et en vers, jolie impression de Perrin, de Lyon, 1 vol. grand in-18 2 »

LE PREMIER PAS, comédie en un acte, de MM. Labiche et Delacour ..... 1 »

LES ILLUSIONS DE L'AMOUR, comédie en un acte et en vers de M. Ernest Serret ..... 1 »

LES VOISINS VALOSSARD, comédie-vaudeville en un acte de M. Marc-Michel 1 »

LES SCRUPULES DE JOLIVET, vaudeville en un acte de M. Raimond Deslandes 1 »

MONSIEUR DE LA RACLÉE, scènes de la vie bourgeoise, par MM. Edouard Brisebarre et Eugène Nus ..... 1 »

LA FANFARE DE SAINT-CLOUD, opérette en un acte de M. Siraudin, musique de M. Hervé ..... 1 »

LES BIENFAITS DE CHAMPAVERT, comédie-vaudeville en un acte, par M. Henry Rochefort ..... 1 »

UNE SEMAINE A LONDRES, voyage d'agrément et de luxe, folie vaudeville en trois actes et onze tableaux par MM. Clairville et Jules Cordier 1 50

LES PROJETS DE MA TANTE, comédie en un acte et en prose, par M. Henry Nicolle ..... 1 »

L'ALPHABET DE L'AMOUR, comédie vaudeville en un acte de M. Eugène Moniot ..... 1 »

PRUDENCE EST SURETÉ, proverbe en un acte, par M. Eugène Moniot ..... 1 »

LA SERVANTE MAITRESSE, opéra-comique en deux actes, paroles de Baurans, musique de Pergolèse ..... 1 »

LE PARADIS TROUVÉ, comédie en un acte, en vers, par Edouard Fournier ..... 1 »

ZÉMIRE ET AZOR opéra-comique en quatre actes, par Marmontel, musique de Grétry ..... 1 »

LA COMTESSE MIMI, comédie en trois actes, par MM. Varin et Michel Delaporte ..... 1 »

LA MALLE DE LISE, scène de la vie de garçon, par M. Edouard Brisebarre. 1 »

UN HOMME DU SUD, à-propos burlesque mêlé de couplets, par MM. Henry Rochefort et Albert Wolff ..... 1 »

LE MARIAGE DE VADÉ, comédie en trois actes et en vers, précédée d'un prologue, par MM. Amédée Rolland et Jean Du Boys ..... 2 »

LE DERNIER COUPLET, comédie en un acte de M. Albert Wolff ..... 1 »

LES FINESSES DE BOUCHAVANES, comédie en un acte mêlée de couplets, par MM. Marc-Michel et Ad. Choler ..... 1 »

L'AUTEUR DE LA PIÈCE, comédie-vaudeville en un acte, de MM. Varin et Michel Delaporte ..... 1 »

LE BOUCHON DE CARAFE, vaudeville en un acte, de MM. Dupuis et Eugène Grangé ..... 1 »

LE MINOTAURE, vaudeville en 1 acte, de MM. Clairville et A. de Jallais . 1 »

LA FEMME COUPABLE, drame en 5 actes, de M. Eugène Nus ..... 2 »

NOS PETITES FAIBLESSES, vaudeville en 2 actes, de MM. Clairville, Henri Rochefort et Octave Gastineau ..... 1 »

LE DOYEN DE SAINT-PATRICK, drame en 5 actes, de MM. de Wailly et Louis Ulbach ..... 2 »

VERSAILLES. — IMPRIMERIE CERF, 59, RUE DU PLESSIS.

www.ingramcontent.com/pod-product-compliance
Lightning Source LLC
LaVergne TN
LVHW012021160826
845678LV00002B/960

9782329653723